N° 1

PUBLICATIONS PATRIOTIQUES

LES PROPOS

DE

SIR Jack DALE

Gentilhomme Irlandais,

SUR LA GUERRE ACTUELLE

Tels on voit les frelons, troupe lâche et stérile,
Venir piller le miel que l'abeille distille.

ÉDITEUR :
V. MAINFROY.

EN VENTE:
CHEZ TOUS LES LIBRAIRES.

LES PROPOS DE SIR Jack DALE

Gentilhomme Irlandais,

SUR LA GUERRE ACTUELLE.

Je dirai plus tard ce qu'est sir Jack Dale, je dirai comment à la suite de longues années passées à visiter le monde, après qu'il eût été contraint pour des causes politiques de quitter l'Irlande, son pays, il est venu se fixer dans notre Bourgogne, de préférence aux autres provinces de la France qu'il connaît très-bien.

Je dirai son commerce agréable, je dirai l'aménité de son caractère avec un chacun et le profit que nous tirons tous ici de sa longue expérience des hommes et des choses, aussi bien que de ses connaissances variées; car, comme je l'ai dit, sir Jack a beaucoup vu, et d'une complexion naturellement méditative et philosophique, sir Jack a beaucoup médité et beaucoup comparé.

Que ne puis-je, en même temps que je ferai connaître son humeur aimable et enjouée, que ne puis-je aussi rendre visible et présent aux yeux du lecteur l'attrait prévenant de sa physionomie grave et douce. Je voudrais peindre ces deux grands yeux bleus bien enchassés sous un front plein de pensées, et dont la vivacité intelligente éclaire une figure longue et maigre, légèrement couperosée et toujours rasée de frais, sauf de grands favoris blonds qui l'encadrent en descendant tout droit le long des joues à la manière anglaise ; le tout animé par un sourire habituel, plein de grâce et de bonhomie qui laisse voir des dents longues et blanches comme si elles étaient fausses.

Tout cela je le dirai, mais plus tard. Pour aujourd'hui, je ne veux parler que de ce qui, toutes affaires cessantes, tous plaisirs mis de côté, toutes querelles personnelles ou de parti suspendues, doit préoccuper sans partage quiconque veut mériter le nom de bon Français, à savoir le triste état de la patrie.

Trop heureux si le sentiment public croit rencontrer dans cette relation de conversations familières, les aperçus nouveaux sur la situation de la France, sur les causes de cette situation, et enfin sur les voies et moyens pour en sortir, que j'ai cru y rencontrer moi-même.

Je demandais un jour à sir Jack son opinion sur la cause de la guerre actuelle.

Il sourit et réfléchit quelque temps, puis enfin, comme étonné plutôt qu'embarassé de la question : La cause, dit-il, ce sont les crinolines trop larges et les ambassadeurs trop étroits. La cause, c'est le prince Alfred d'Angleterre, c'est l'article 745 du code civil, c'est l'Université, c'est la Pologne, c'est... et comme il me voyait tout ébahi de ce luxe de citations, il s'arrêta tout court et alla de lui-même au devant de ma parole. — Je pourrais beaucoup encore augmenter ma nomenclature, dit-il en riant, mais vous êtes trop mon ami, François, pour que je veuille ajouter à votre confusion. Voyons, François, entre nous, n'est-ce pas se montrer vraiment trop naïf qu₄ de croire que, *une cause*, un germe unique puisse enfanter de pareils événements ? Non, mon ami, il ne peut en être ainsi, et il ne faut rien moins que le concours de germes infinis pour les produire.

Un de ces germes, poursuivit-il, un de ces germes tout seul et isolé, deux, trois même si vous voulez, François, pouvaient bien affecter le corps social de leur virus particulier, et l'affectaient en effet, mais ils seraient restés impuissants à amener une catastrophe ; encore une fois, c'est le concours fatal du nombre.

Vous saturez un vase trop plein de vapeurs diverses, ce n'est que la dernière bouffée qui le fait éclater, et c'est là ce qui frappe, parce que sans cette dernière les précédentes laissaient le vase intact. Mais sans les précédentes cette dernière aussi restait inoffensive et se serait condensée à la paroi sans aucun accident et sans aucun mal, visible du moins.

Je vous entends, sir Jack, lui dis-je, et bien souvent je me suis senti troublé moi-même, et inquiet de ce développement de luxe inconsidéré qui gagne partout, même dans nos campagnes. D'un autre côté, il est très-possible que, comme vous le donnez à entendre, nous ayons eu des agents incapables pour mener nos affaires à l'étranger, cela je vous l'accorde, car cela vous êtes mieux que moi à même de le juger, mais l'Université, qu'a-t-elle à voir à tout cela ? et l'article 745 du code civil, et la Pologne !

Ici, je vous arrête, s'écria vivement sir Jack, car c'est là justement la dernière bouffée qui fit tout éclater. Ecoutez-moi patiemment, François, et ne vous pressez pas de juger.

Votre pays n'a pas beaucoup d'amis en Europe parmi les têtes couronnées et parmi leurs conseillers, ignoriez-vous cela, François ?

Ignorer, lui dis-je, ignorer ; c'est-à-dire oui et non, écoutez donc sir Jack, on n'est pas Louis d'or après tout, on ne peut pas plaire à tout le monde.

Eh bien, vous en aviez un, François, vous en aviez même deux, et du quartier peut-être où l'on pouvait le moins les attendre, bien que les extrèmes correspondent quelquefois plus sûrement que ne le font de fausses affinités et des similitudes apparentes. Cet ami, c'était l'empereur actuel de Russie, prince que la nature a doué d'une âme honnête et sincère ; c'était son premier ministre, le prince Gortschakoff, l'homme d'état éminent et parfait gentilhomme, qui toujours eut du penchant pour votre pays et qui, sans doute, entretenait ces dispositions bienveillante dans l'esprit de son souverain et dans l'esprit de son entourage.

L'honneur, François, et la dignité commandent de ne jamais méconnaître, lorsqu'elles se manifestent, ces impulsions bienveillantes qui poussent mystérieusement certains peuples comme certains individus l'un vers l'autre, surtout si l'on peut avoir acquis la preuve qu'elles sont désintéressées.

Or, de ces dispositions de la Russie, votre pays avait une preuve, il en avait même plusieurs. En 1854, votre gouvernement impérial faisait la guerre en Crimée au père de l'empereur Alexandre, guerre, par parenthèse, d'une justice, surtout d'une opportunité douteuse ; douteuse au point de vue des intérêts français s'entend, car la question d'Orient dans laquelle la politique anglaise a su de tous temps vous faire donner tête baissée, n'intéresse en réalité que l'Angleterre.

Nicolas fut vaincu ; Nicolas mort, que fit son fils ? Comprenant le signe des temps, ce fils voulut se rapprocher du monde nouveau, de la civilisation nouvelle, il envoya un ambassadeur à Paris, ce que son père avait toujours dédaigné de faire pour le nouvel empire.

Les relations entre les deux cabinets furent tout de suite courtoises, bientôt cordiales même, à ce point, que dans deux circonstances très-critiques pour la politique impériale, la main amicale du gouvernement russe vous tira d'embarras alors que toutes les autres se refusaient ou même se montraient menaçantes.

La première fois, ce fut après Magenta, en empêchant la Prusse qui se remuait pour entraîner l'Allemagne tout entière à défendre et garantir les provinces d'un confédéré. Ce fut ensuite vers la fin de 1862 ou le commencement de 1863, je ne

veux pas rechercher avec exactitude les dates, car, une fois pour
toutes, je n'articulerai que des faits vrais, mais je ne serai que
par à peu près quant aux dates. La seconde fois donc, ce fut vers
1862 ou 1863, alors que le royaume d'Italie que vous aviez
fait ou aidé à faire aux dépens de l'Autriche et du roi de Naples,
aux dépens d'une bonne partie des provinces temporelles du
Pape et aux dépens des princes de Parme et de Modène, n'était
pourtant reconnu par personne en Europe que par vous. L'Angleterre, qui soudoyait de son or, qui soutenait de ses volon-
taires le mouvement unitaire italien et qui vous supplantait
tout doucement et trèsa-droitement dans la gratitude du peuple
de ce pays, se refusait pourtant obstinément à reconnaître d'une
façon officielle, et jouissait en secret de cet isolement où vous
vous trouviez, et qui, en se prolongeant, commençait à devenir
passablement ridicule et embarrassant. Ce fut l'empereur de
Russie qui, sur la prière personnelle de votre souverain, con-
sentit, lui le moins intéressé et le plus étranger à la question,
à le tirer d'embarras en reconnaissant le premier le nouveau
royaume italien, afin de donner le branle aux autres.

Cependant la politique anglaise, déjà solidaire avec la Prusse,
voyait avec dépit cet échange de bons procédés qui lui parais-
saient menacer de devenir trop intimes. Mais l'Angleterre sait
attendre. Elle attendit patiemment un incident qui lui permit
des combinaisons de brouille et de discorde, ce à quoi elle est
fort habile. Enfin il se présenta, et cet incident ce fut le mouvement qui se manifesta à cette époque partout en Europe, à
propos de la Pologne.

Je dis qu'elle attendit l'incident, peut-être même qu'elle le
fomenta. En vérité, il est bien permis de le croire si l'on consi-
dère, d'une part, que c'est d'Angleterre que partit le signal et
que vinrent les chefs principaux, et de l'autre l'activité que mit
sa diplomatie à en tirer tout de suite un bon parti pour elle. Il
n'y eut, de sa part, aucune hésitation, pas la plus petite de ces
tergiversations et de ces longueurs, comme lorsqu'il s'était agi
de l'expédition de Crimée.

Quoi qu'il en soit, la France donnait une fois de plus tête
baissée dans le panneau anglais. Elle se laissa empêtrer dans
des filets de pourparlers et de protocoles adroitement calculés
par la diplomatie anglaise, pour blesser et humilier la Russie,
et bien perfides, car dès le commencement, l'Angleterre, elle
l'avoua depuis sans vergogne, avait résolu de ne jamais pousser
l'affaire à fond; et elle ajoutait tout bas, en le soufflant dans
l'oreille du Czar, que pour son compte à elle, bien qu'elle eut
signé tous les documents, comme la France, elle n'avait, dans

tout cela, que joué une comédie dans l'intérêt du Czar même, et n'avait jamais voulu autre chose que lui faire toucher du doigt la fragilité et même le danger de sa nouvelle alliance. La vérité est qu'elle avait résolu de brouiller une bonne fois les deux pays, et que, pour y arriver, elle avait décidé, coûte que coûte, d'amener la France à commettre contre la Russie une énormité quelconque, mais bien conditionnée. Et, comme on a pu le voir, elle y avait réussi.

Quel que soit le degré de crédulité niaise qu'ait souvent montrée depuis la diplomatie française, l'entreprise, à cette époque, ne dut pas paraître aussi facile que cela le fut plus tard, puisque l'Angleterre crut alors qu'il ne serait possible de faire donner la France dans le piége, qu'à la condition de s'y engager soi-même la première, ou plutôt de feindre de s'y engager, au même titre et au même degré qu'elle. Toujours est-il que les deux cabinets adressèrent en commun, notes sur notes, et allèrent jusqu'à laisser entrevoir à la Russie la coercition et la guerre, comme ultimatum. La Russie répondit vertement et avec dignité. Les choses à ce point, et son but étant atteint, l'Angleterre jeta en ricanant son masque désormais inutile et laissa la France s'en tirer comme elle pourrait. Celle-ci le fit gauchement.

Le rôle que joua l'Angleterre est immoral, c'est vrai, mais celui dans lequel se laissa égarer l'empereur Napoléon fut coupable de la plus impardonnable ingratitude, car il essayait de mordre la main qui, moins de six mois auparavant, lui avait été si cordialement et si secourablement tendue.

Cependant, tout s'agitait en France et prenait parti pour ou contre et l'on vît, spectacle nouveau dans le Sénat français, la touchante unanimité de M. de Montalembert et du prince Napoléon. Lorsque, dans un pays, des fluides si contraires se rencontrent et se mêlent, on peut être assuré que la question n'est pas nette et qu'elle cache des dangers. Ceux-là, en effet, ne voyaient dans la Pologne que le triomphe du pape, ceux-ci n'y voyaient que le triomphe de la révolution. Otez ces considérations, et la Pologne n'avait plus, pour aucun d'eux, de titres suffisants pour engager la politique de la France à un degré si extrême.

Avec votre légéreté habituelle, vous autres Français, vous ne vous rappelez plus, si même vous l'avez jamais su, la note si ferme et si empreinte de tristesse du prince Gortschakoff aux menaces de guerre. Cette note s'adressait à la France seule, le double jeu de l'Angleterre était alors connu du ministre. L'homme d'Etat déclare avec fermeté que le cabinet russe ne répondra plus aux notes et aux menaces. « L'on n'a vu, » dit-il en terminant, « l'on n'a vu jusqu'ici la Russie qu'à travers un nuage; ce nuage se dissipera et l'on apprendra plus tard à la connaître. » Cela ne résonne-t-il pas aujourd'hui comme une sombre et redoutable prédiction ?

Vous aviez alors comme ambassadeur à la cour de Russie un homme qui n'avait d'autre titre à ce poste, sinon qu'il portait un grand nom du premier régime impérial, le duc de Montebello. — Pourquoi cette moue dédaigneuse que je vous vois faire, François, me dit sir Jack qui, tout en parlant, m'observait, vous n'en avez pas le droit. Vous êtes tous comme cela en France; du riche bourgeois au plus modeste ouvrier, vous ne souffrez au-dessus de vous que des noms, non des hommes. Il vous faut des notoriétés quelconques et telles quelles, ou vous vous sentez humiliés. Et Emmanuel Arago, dites-moi, et Carnot et Bethmont et tant d'autres, quel autre titre effectif avaient-ils à vos suffrages, sinon qu'ils portaient de grands noms républicains, ou pis encore, tout simplement des noms charivariques. Si le peuple le pense ainsi, les princes peuvent aussi très-bien le faire. Vous aviez donc un grand nom à Saint-Pétersbourg. A la même époque se trouvait à Saint-Pétersbourg un nom plus obscur, il est vrai; un attaché à l'ambassade prussienne, mais que le roi Guillaume avait distingué dans des postes précédents pour son coup-d'œil sûr et sa rare activité; il s'appelait de Bismark. L'ambassadeur d'Angleterre était sir Napier, parent du fameux amiral.

Ce ne dut pas être précisément un siége bien doux que celui sur lequel s'agita désormais, dans ses audiences chez le ministre russe, l'ambassadeur français, cet homme à l'incapacité duquel votre pays est en droit d'imputer ses présentes misères, car un ambassadeur doit tout savoir ou tout deviner; ce ne dut pas être un siége bien doux, car les vents avaient tourné contre la France que l'on traitait maintenant dûrement, et il n'était vraiment pas de taille à faire tête à l'orage. Il se rendait habituellement, au sortir de là, chez son confédéré l'ambassadeur d'Angleterre qui, ayant reçu langue de Londres, continuait, avec lui, le jeu cruel et perfide que menait son gouvernement vis à vis des Tuileries. Le nouvel attaché prussien était dans la confidence.

Dans ces réunions on se faisait un malin plaisir de faire le duc de Montebello raconter les incidents de sa dernière entrevue qu'on connaissait sous main mieux que lui-même.

Il se laissait pelotter, comme on dit, le pauvre duc, berner à cœur joie, tant qu'on voulait, jusqu'au grotesque. Puis, quelques jours après, la relation fidèle de ces scènes bouffonnes paraissait comme par accident ou par suite d'une *indiscrétion regrettable*, dans une gazette de Suède ou de Hollande ; les autres journaux les reproduisaient, et des récits faisaient le tour du monde, dans lesquels on voit un ambassadeur français tenir un langage effaré et pleurard, indigne du représentant d'un grand pays. Tout cela, on peut le lire encore dans les gazettes du temps, c'est vraiment lamentable.

Cependant, mis en goût, M. de Bismark prit en main pour le compte de la Prusse le jeu si bien commencé par sir Napier contre la dignité et contre les intérêts de la France, et il ne l'a plus lâché depuis. Seulement c'est à Berlin que furent transportés les tréteaux et c'est un autre ambassadeur, M. Benedetti, qui devait jouer les rôles de Jocrisse.

Et pendant ce temps-là, pleins de confiance vous autres aux champs, vous faisiez vos labours ou vos semailles, ou vous couchiez la vigne pour la rajeunir, ou vous creusiez des fosses en hiver pour le jeune plant. Et sur tous les points de la ruche industrieuse, chacun était occupé à filer, à tisser, à bâtir. On entendait résonner le marteau à la forge et dans le port le siflet pour le départ du capitaine de navire marchand. Tout cela pour acquitter l'impôt, car c'est l'impôt qui paiera la magistrature qui doit défendre vos biens, et l'armée qui doit défendre votre sol. C'est avec l'impôt que s'entretiennent ces écoles d'où doivent sortir des diplomates, des militaires, des ingénieurs, des savants sur qui reposeront la gloire et en même temps la sécurité de la patrie. Et tout cela cependant pour aboutir à une quintessence de nigauds, dont l'ignorance et l'incapacité amèneront la nation à deux doigts de sa perte.

A ce que je vois, sir Jack, lui dis-je, vous n'avez pas meilleure opinion de nos généraux que de nos ambassadeurs. Pourtant Canrobert, Mac-Mahon, ce sont là des noms que, je vous l'avoue, il m'en coûterait de ne plus honorer.

Je les honore moi-même autant que qui que ce soit, fit-il vivement, mais s'il est un de vos défauts nationaux que je ne veuille pas contracter, c'est celui que vous avez de proclamer grand homme, en vingt-quatre heures, un écrivain, un artiste, un orateur, un soldat, pour un livre bien tourné, pour une partition réussie, pour un discours véhément, pour un seul fait d'armes heureux ; sauf à les démolir ensuite en vingt-quatre heures.

Vous devriez imiter la réserve du peuple anglais qui, en cela, montre les qualités de son défaut dominant, la Défiance, comme vous montrez, vous, les défauts de votre qualité peut-être un peu exagérée, la Confiance. L'anglais eut dit de chacun d'eux : ce sera *peut-être* un grand Ecrivain, un grand Artiste, un grand Politique, un grand Soldat, mais il ne l'eût consacré tel, qu'après une série d'années et surtout après une série de preuves d'étude, de travail et de capacité. Ce brevet d'immortalité que vous décernez tout de suite et que lui ne laisse qu'entrevoir, éteint le travail chez vous et endort l'activité. On s'y contente de savourer en paix les honneurs faciles de la position acquise. Il stimule, au contraire, l'activité et le travail là-bas et fait qu'on redouble d'efforts pour arriver au but qui, pour être plus éloigné, reste pourtant visible à l'œil, comme un phare dont les feux vous guident dans le chemin à parcourir et vous soutiennent dans les travaux et dans les luttes. Le maréchal Mac-Mahon serait devenu un grand capitaine en Angleterre, en France il n'est resté que bon général.

Je crus sentir la nuance et l'intention, mais remarquant que mes questions détournaient sir Jack de ses pensées, j'essayai de l'y ramener, vous en étiez, lui dis-je, sir Jack, à notre ambassadeur à Saint-Pétersbourg. Que devint-il?

Il fut rappelé quelque temps après sa piteuse campagne polonaise et fut nommé au Sénat, je crois, où il est revenu cacher ses longues oreilles. Cependant l'Empereur de Russie était resté ému de l'incident et justement inquiet pour l'avenir, à cause du retour toujours possible de ces accès intermittents du polonarisme en France. Monsieur de Bismark, qui sentit tout de suite le parti qu'on pouvait tirer, pour la Prusse, de ces dispositions, dit en riant au czar, dans une soirée intime au palais d'hiver; vous savez, François, que c'est souvent en riant que s'insinuent les choses sérieuses; il dit donc en riant au czar qu'il se faisait fort de le délivrer par un antidote de ce que, dans son langage pittoresque, il appela la *scie* polonaise. Il est temps, dit-il, de faire cesser cette mauvaise plaisanterie d'ingérence étrangère. La Pologne est incorporée à l'empire de Russie au même titre que l'Irlande et l'Alsace, par exemple, le sont à l'Angleterre et à la France et depuis aussi longtemps à peu près. Il y a dans les affaires du monde des analogies qui s'imposent et des prescriptions morales qu'il est insupportable de voir sans cesse mises en question. Ne pourrait-on pas tout aussi bien faire de l'Alsace une Pologne pour les passions allemandes! Que Votre Majesté veuille me le permettre, et avant six mois j'aurai attaché à l'oreille de la France une scie de revendication *germaniste* qui lui ôtera tout loisir de recommencer contre vous, comme elle le fait tous les dix ou quinze ans, la scie de revendication *panslaviste*.

Peu de temps après, Alexandre signait avec la Prusse un traité secret dont on ne connaît pas au juste les termes, mais dont certainement votre dernière fantaisie polonaise fut la cause et dont vous ressentez aujourd'hui les effets.

A la suite de ces événements, M. de Bismark fut envoyé à Paris par son souverain comme attaché militaire à l'ambassade prussienne. Six mois de séjour à l'étranger pour un homme de cette trempe ne devaient pas être, comme cela n'est que trop souvent pour des attachés vulgaires, une simple occasion de plaisirs nouveaux, de liaisons personnelles flatteuses, d'honneurs reçus ou partagés. Ce fut une occasion d'études sérieuses. Il ne donna à la représentation officielle que juste le temps indispensable pour écarter tout soupçon sur ses autres préoccupations. Il étudia la France à fond, il prit la mesure exacte de tous vos hommes politiques. Il pénétra votre mécanisme militaire, civil et administratif. Il utilisa, pour ces fins, des éléments qu'il trouva installés en France, éléments tout particuliers à l'Allemagne et sur lesquels je reviendrai. Il parcourut vos routes, vos chemins de fer, vos fleuves, fit d'énormes provisions de vos meilleures cartes de la topographie de la France ; il sut tout ce qu'il voulut savoir de votre rouage municipal, de vos ressources publiques et privées, de votre armée, de vos arsenaux, de vos chantiers, de vos ports. Depuis bien d'autres agents spéciaux vinrent chez vous commissionnés par lui-même pour continuer secrètement ce système de reconnaissance, di-, sons le mot, d'espionnage en temps de paix ; aucun d'eux n'emporta jamais, dans sa spécialité, des documents aussi précis et aussi pénétrants que le fit, pour l'ensemble, cet homme vraiment extraordinaire.

Cet homme que l'histoire présentera peut-être un jour comme le fléau de votre race, ne vous était pourtant pas hostile à cette époque, ou tout au moins ne l'était pas aveuglément et de parti pris, comme l'était et l'est encore le roi Guillaume son maître, chez qui la haine du nom Français est une idée fixe, une affection morbide, une rage. On en trouve la preuve dans une brochure qu'il écrivit au retour de sa courte mission en France, sous ce titre : « *La Prusse et la question Italienne.* » Dans laquelle le futur chancelier de l'Allemagne du Nord préconise vivement et sincèrement, rien n'autorise à en douter, la nécessité d'une alliance entre la Prusse, la France et la Russie, alliance qu'il considérait comme seule capable d'établir et d'assurer la paix en Europe.

Pour s'expliquer la contradiction de sa conduite actuelle avec ses opinions d'alors, il est nécessaire de remonter un peu le cours des événements et de se reporter à votre dernière mystification polonaise.

Je passerai rapidement, pour y revenir peut-être plus tard, sur la petite affaire du Danemark, qui n'eut pas, de beaucoup, la gravité qu'on s'est plu à lui donner, au point de vue de l'équilibre européen, et qui ne fut, pour la Prusse, qu'une occasion de se ménager un levain de querelle dans l'avenir avec l'Autriche, et d'essayer, *in animâ vili*, l'effet de ses nouveaux fusils à aiguille.

La querelle, on le sait, est venue à son heure; quant aux fusils à aiguille, on fit donner à Alsen seulement deux compagnies qui en étaient pourvues. Les effets furent tels, que l'état-major prussien, transporté de joie, fit immédiatement retirer ces compagnies et répandre le bruit que l'arme était susceptible *peut-être* de perfectionnements qu'on allait mettre à l'étude, mais que, quant à présent, elle n'était dangereuse que pour ceux qui s'en servaient. Et l'inventeur, M. Dreyse, recevait discrètement l'ordre d'en pousser la fabrication sur une échelle illimitée.

Il y a loin de cette prudente réserve à la fanfare inconsidérée des merveilles du chassepot après Mentana.

Environ deux ans plus tard, juste le temps nécessaire pour avoir trois ou quatre cent mille exemplaires des nouvelles armes, la guerre éclatait entre la Prusse d'une part, et de l'autre l'Autriche, soutenue par tous les petits états de l'Allemagne du Sud et quelques-uns du Nord, qui sont aujourd'hui tous ensemble dans les rangs prussiens.

J'ai dit l'étude qu'avait faite M. de Bismark de la France et de ses ressources. Il ne se dissimulait pas le poids dont elle pourrait peser dans une éventualité européenne. Il l'avait donc étudiée sous deux faces : comme une alliée désirable, à son point de vue personnel du moins, mais aussi comme un adversaire possible; car le roi Guillaume ne voulait, à aucun prix, entendre parler de concessions à faire sur le Rhin à la France, dans les changements qui se mûrissaient à Berlin. Or, voici la nature de ces changements : L'Allemagne est une contrée d'environ quarante millions d'âmes, soit un peu plus que la France, vivant sur une superficie à peu près égale à celle de la France, ou un peu plus aussi peut-être; mais considérons le tout comme équivalent, à cause de la légère différence. Il restera cette différence entre les deux pays, qu'au lieu que vous êtes une nation compacte et unie, vivant tous de la même vie et animés du même sentiment national, l'Allemagne était divisée en trente-quatre souverainetés, non compris les quatre villes libres de Brême, Hambourg, Lubeck et Francfort. La Prusse, en Allemagne, ne représentait comme superficie et population, qu'environ trente départements français. Si l'on tire une ligne de Besançon à Nantes, qui passerait par Dôle, Autun, Nevers, Bourges, pour de là suivre les affluents de la Loire et la Loire elle-même jusqu'à Nantes, et qu'on jette ensuite les yeux sur ce qui est au Nord de cette ligne jusqu'à la frontière de Belgique, du Luxembourg et du Palatinat français au Rhin, on aura un aperçu de ce qu'est à l'Allemagne entière la Prusse, en prenant pour échelle la France. C'est un tiers environ. Le reste serait occupé par les provinces allemandes de l'Autriche, qui composeraient à peu près douze départements; la Bavière, huit environ; le Hanovre six; le Wurtemberg et le grand duché de Bade, chacun quatre ou cinq; la Saxe, au plus trois. Cela ferait jusqu'ici soixante-huit départements, à peu près pour sept souverainetés; les vingt-sept autres se partageant les vingt-deux départements restants, c'est-à-dire que quelques-unes, comme le grand duché de Mecklembourg, en comprendraient un peu plus d'un, d'autres un peu moins, et d'autres enfin, beaucoup moins encore, car il en est qui sont inférieures à un canton français.

Tous ces pays étaient parfaitement indépendants, sauf pour les cas de guerre décidés par la diète fédérale; auxquels cas, tous devaient coopérer en raison de la population, l'un pour cent mille hommes, l'autre dix mille, un autre pour quelques centaines. La petite Seigneurie de Kniphausen fournissait vingt-huit hommes et demi à l'armée fédérale. Mais pour le reste, administration, justice, finances, instruction publique, tout était distinct et indépendant.

Cependant un grand parti s'était lentement formé dans toute l'Allemagne qui aspirait à l'unité, surtout dans les villes, les campagnes comme partout restant plus ou moins indifférentes à ces grands mouvements politiques. De longue date le gouvernement prussien s'était posé ostensiblement comme le chef de ces aspirations unitaires, dans l'espoir, fondé du reste, de devenir le titulaire du nouvel empire, et enfin c'est la volonté de résister à ces empiétements de la Prusse qui poussa à la guerre le reste des petits souverains de l'Allemagne unis à l'Autriche, contre la Prusse toute seule, celle-ci comptant d'ailleurs, comme je l'ai dit, un grand nombre de partisans parmi les sujets de tous ces princes ligués contre elle.

Je m'écriai et ne pus m'empêcher de lui dire : vraiment, sir Jack, vous auriez dû être maître d'école! Bien souvent dans ma vie j'ai lu ou entendu la description de l'Allemagne, mais jamais je ne m'en étais représenté un tableau aussi net et parlant que vous venez de le faire en cinq minutes. Je vois maintenant tout cela d'ici.

Il sourit et continua : L'opiniâtreté que mettait le roi de Prusse à contester à la France le droit d'intervenir dans ce qu'il appelait les affaires intérieures de l'Allemagne, c'est-à-dire la transforma'ion radicale qui s'y préparait, était combattue par bon nombre de ses hommes d'état les plus éclairés.

Un jour que, dans ses appartements, il examinait avec ses familiers une carte d'Europe ouverte sur une table, le roi suivit du doigt le cours du Rhin de Bâle à la mer. — Il en est, dit-il, qui prétendent qu'il serait rationnel que tout ce qui est au-delà de cette petite ligne verte devienne français. Jamais ! ajouta-t-il, ce que nous voulons faire se fera bien sans cela. Or, ce qu'on voulait faire, je l'ai déjà dit, c'était dissoudre les petits états composant les deux tiers de cette Allemagne divisée et qui l'avait toujours été, pour en compyser sous le sceptre de la Prusse, un grand empire germanique militaire, ce qui n'avait jamais été.

Chacun des États en Europe, disait la partie prudente et calme des conseillers du roi Guillaume, chacun des États en Europe est ce qu'il est, parce que les autres sont ce qu'ils sont. Nous sommes de ce côté-ci du Rhin une race germanique UNE par la langue et les mœurs, mais divisée quant à l'administra-tion, et pour qui cette division en petits états est une cause de malaise; c'est pourquoi nous voulons faire un empire germani-que. C'est très-bien. Mais ils sont, de l'autre côté du Rhin, une race gauloise, UNE également par la langue et les mœurs, et qui pourt int est divisée aussi en souverainetés d fférentes. La Belgique, le Limbourg et le Luxembourg, le cercle Bavarois du Rhin, le pays de Trèves sont français de mœurs et de langage, et cependant sont séparés de la France. Il est bien vrai que cette séparation ne cause pas là-bas le malaise que cela cause ici, et n'éveille pas au même degré les mêmes aspirations, mais cela tient à plusieurs raisons. Premièrement, la race de langue fran-çaise qui, pour les trois quarts, ceux qui forment la France actuelle, présente déjà la plus forte unité qui soit au monde, ne peut pas ressentir la gêne et le malaise que nous cause notre extrème division. Ensuite, c'est, encore une fois, parce que nous étions ce que nous étions qu'il était logique et conforme au droit international qu'ils restassent eux-mêmes ce qu'ils étaient. Chaque fois que la Belgique a voulu se réunir à la France, ou que la France a montré des velléités de s'annexer la Belgique, nous avons toujours été parmi ceux qui protestaient au nom de l'équilibre européen. Et aujourd'hui nous détruirions nous-mêmes cet équilibre! Non, nous ne devons pas le faire, sans tenir compte de la dignité et de la sécurité de nos voisins.

Une grande unité germanique ne doit pas tenter de se fonder sur la rive droite du Rhin sans admettre, comme conséquence, une grande unité gauloise sur la rive gauche. La France est en droit d'en être émue, en droit de s'y opposer et, avec ses immenses ressources, sans doute elle le pourra. Mais, en admettant même que la France, grâce à son imprévoyance et à l'ignorance où elle est du danger qu'elle court, en admettant que la France surprise, soit vaincue et rendue impuissante à empêcher ce qui se prépare contre elle, eh bien, nous disons encore qu'il ne faudrait pas le vouloir, car son impuissance ne serait que momentanée et nous bâtirions sur le sable.

C'est un devoir sacré pour les puissants de la terre d'interpréter sans passion les vues de la nature et de ne pas chercher à les traverser. Cette petite ligne verte que votre Majesté suivait du doigt sur la carte, c'est la nature qui, dans ses grandes vues, l'a tracée. L'homme qui, poussé par ses petites vues essayerait de l'effacer, cet homme-là serait téméraire et préparerait à l'humanité des maux incalculables, dont il serait demandé compte à sa mémoire.

Aussi longtemps que l'humanité ne sera pas UNE, et que, pour arriver à ce dernier point de la perfection qui s'appellera l'UNITÉ HUMAINE, elle devra passer par des phases successives d'agglomérations de plus en plus grandes, il faudra des frontières aux nationalités. Or, il n'y a que trois systèmes raisonnables de délimitations : la langue, les fleuves et les montagnes. Des trois systèmes, la langue est celui que nous préconisons en Allemagne, mais il est le moins bon, parce qu'il est vague et instable. Où commence au juste et où finit la langue française ou la langue allemande dans les pays limitrophes ? Autant vaudrait demander, dans les couleurs de l'arc-en-ciel, si c'est le bleu qui se fond dans l'orangé, ou l'orangé dans le bleu ! Bien plus, ce système irait contre la justice et la raison, car il est facile de démontrer que de deux peuples contigus, c'est le moins bien doué qui impose sa langue à l'autre, parce qu'il est plus facile à celui-ci qu'à celui-là d'acquérir cet unique moyen de communication avec le voisin. Rome a conquis bien des peuples qui lui étaient inférieurs, nulle part ses nombreux colons n'ont imposé leur langue, partout au contraire, ils l'ont oubliée pour contracter celle du vaincu. Les montagnes continues, ou mieux encore, les grands fleuves continus, voilà la seule délimitation vraie, parce que seule elle est fixe, parce qu'elle forme une défense naturelle, non factice et n'exige point, pour se compléter, l'appareil blessant et anti-civilisateur des forteresses. Le Rhin fut tracé par la nature, comme dernière étape de délimitation riante et naturelle entre deux grands rameaux de la famille humaine, qui, bientôt sans doute, n'en voudront plus connaître aucune.

Mais, dit-on, la Belgique et les autres provinces limitrophes ne veulent plus, si elles l'ont voulu autrefois, leur réunion à la France. Mais pouvons-nous montrer que les populations du Hanovre, de la Bavière, du Wurtemberg et du pays de Bade veulent elles-mêmes leur réunion à la Prusse ? Dans ces grands mouvements en avant de l'humanité, il y a toujours la part à faire d'un peu de violence. Écartons de nous les malédictions de la postérité, restons ce que nous sommes, ou, si nous nous sentons la vertu d'augmenter le bien-être du peuple au-dessous de nous, seul but qui puisse légitimer des innovations qui coûteront du sang et des larmes, et que pour le faire nous croyions indispensable de resserrer l'unité de la race allemande, alors, d'un signe amical de la main, par dessus le beau fleuve qui nous sépare de lui, appelons un voisin généreux à le descendre sur sa rive en même temps que nous sur la nôtre. Qu'il y porte son code civil, dont jouissent déjà quelques provinces allemandes, et ce sont les plus prospères ; ce code civil qui par sa sage économie a délivré la France du paupérisme et a extirpé de chez elle cette honte qui déshonore encore l'Allemagne : la honte de l'émigration pour cause de misère.

N'oublions jamais qu'un demi-million de nos compatriotes trouvent une hospitalité bienveillante chez ce peuple qui, lui, ne va pas chez les autres, parce qu'il n'en a pas besoin.

Considérons que, pour lui faire la guerre, plus de cent mille jeunes allemands, qui ont vécu ou vivent en ce moment en France, commis, ouvriers, domestiques, devront être enrôlés par nous dans l'armée qui envahirait cet heureux pays, dont ils auraient été si longtemps les hôtes. N'y aurait-il pas là comme une trahison sacrilége, ne serait-ce pas faire de ces jeunes gens autant de JUDAS, guidant par des chemins familiers jusqu'au foyer domestique de l'ancien maître et du bienfaiteur, vos uhlans de Poméranie ayant charge et mission de faire blêmir ces lèvres qui n'eurent jamais pour eux qu'un sourire amical , de refroidir cette main qui rompît avec eux le pain quotidien d'une hospitalité cordiale et laborieuse.

Ce que seuls, nous, princes de Prusse et nobles d'Allemagne, ce que seuls nous savons aujourd'hui, l'histoire le démêlera bientôt et nous le jettera à la face comme un opprobre. L'histoire saura que cette guerre a été voulue par nous, que pendant six ans nous l'avons préparée dans l'ombre, et en avons assuré le succès, non-seulement par la science incomparable de notre état-major, mais aussi par l'usage que nous avons fait de l'hu-

meur facile et débonnaire de ce peuple qui nous a ménagé lui-
même, pour ainsi dire, des intelligences dans son propre fôr
intérieur que nous méditions d'attaquer. Leurs arsenaux sont
vides, leurs intendances sont dépourvues, leurs cadres désorga-
nisés n'existent que sur le papier, et eux l'ignorent, car ils payent
pour que tous ces services soient pourvus et ils ne présument
pas la corruption. Et nous, ce qu'ils ignorent, nous le savons, car
nos nombreux émigrants établis dans ce pays ont pénétré la
société française par tous les pores. Dans la finance, dans l'instruction publique, dans la presse, dans le haut négoce, dans le
petit commerce et jusque chez le simple artisan, partout il y a
un allemand poli et réscrvé, mais attentif, attentif surtout à
démêler les points faibles du prochain, comme est porté à le
faire tout homme qui vit au milieu d'une autre famille, d'une
autre race que la sienne.

L'histoire dira que c'est grâce à ces intelligences clandestines
qu'ils ont trouvées toutes prêtes à se laisser utiliser, que nos
nombreux émissaires ont pu, pendant six années, envelopper
d'un filet d'intrigues compliquées et ténébreuses, ce peuple que
nous voulions accabler d'un coup terrible et inattendu. Elle dira
que ses places fortes, ses bois, les défilés de ses montagnes, ses
moindres points stratégiques en un mot, nous avons tout étudié et
que tout, de lui, nous était connu mieux qu'il ne le connaissait
lui-même, jusqu'à l'état délabré de sa défense, que rien après
l'ouverture des hostilités ne pourra expliquer, sinon la fraude et
la corruption pratiquées sur une échelle inconnue jusqu'ici.
Puisse l'histoire ne pas avoir à ajouter qu'on trouve la main de
la Prusse parmi les corrupteurs.

En tout cas, soyez-en sûrs, si ce qu'à Dieu ne plaise, une telle
guerre devait avoir lieu, et que la France, surprise dans son
insoucieuse légèreté par des plans longtemps mûris et concertés
contre elle, dût succomber, le caractère français retrempé par
l'infortune imméritée en sortirait plus brillant, rehaussé d'une
teinte nouvelle, la teinte poétique, qui peut-être lui manque un
peu, et le caractère allemand y contracterait une souillure dont
il ne se lavera jamais.

Sir Jack était ému, je l'étais moi-même jusqu'aux larmes. —
Et tout cela fut dit, sir Jack, tout cela fut dit, comme vous le
dites ? — Oui tout cela fut dit, François, ou dut l'être, parce
que tout cela est vrai, et parce que, pour l'honneur de l'humanité, je veux croire qu'il s'est toujours trouvé et qu'il se trouvera
toujours un homme pour dire courageusement ce qu'il croît vrai,
même au despote aveugle et sanguinaire.

Sir Jack continua. — Vers la fin de l'été qui précéda la bataille de Sadowa, M. de Bismark vint en France pour sonder les dispositions politiques de l'empereur Napoléon. M. de Bismark était le chef de ce parti qui pensait que la grande tranformation germanique ne pouvait se faire sans la France et il venait porteur, sinon de pleins pouvoirs pour offrir au gouvernement français des compensations suffisantes, au moins porteur de pleins pouvoirs pour débattre ces compensations.

Pour vaincre l'opiniâtreté du roi son maître, il comptait sans doute sur l'effet ordinaire des pourparlers et des négociations lorsqu'il s'agit de régler de grands intérêts, qui est d'amener insensiblement les parties à des concessions mutuelles. A l'égard de la France, il ne devait concevoir aucun doute ni appréhension. Que venait-il lui dire : — Là, de l'autre côté du Rhin, est un grand peuple, une race morcelée, qui aspire à l'unité, comme vous y avez aspiré vous-mêmes autrefois, comme l'a fait récemment l'Italie, que vous y avez aidé. C'est un droit naturel et vous n'auriez même rien à y voir, si quelques-unes des souverainetés qu'il s'agit de réunir ne se trouvaient sur votre territoire et ne devaient, par le fait de ce changement, vous créer une situation nouvelle qu'il convient d'examiner. Vous pouviez en effet supporter sans ombrage de petits voisins, souverains il est vrai, mais faibles et isolés, vous ne pouvez subir ce même voisinage devenu subitement province d'un grand empire militaire. Autre chose est d'avoir à deux heures de vos plaines ouvertes de la Lorraine, Mayence forteresse fédérale, Trèves forteresse prussienne, et Landau forteresse bavaroise, et autre chose, d'avoir ces forteresses réunies dans une seule main. Nous comprenons cela et nous venons vous proposer une entente.

Le terrain des négociations était excellent pour la France. Le plus qu'elle pouvait stipuler, c'était comme il fut dit, de faire elle-même sur la rive gauche du Rhin, ce que l'Allemagne ferait sur la rive droite; le moins, c'était d'exiger la démolition des forteresses. Mais, entre ces deux extrêmes, que de marge pour de vrais hommes d'état !

Cependant M. de Bismark n'eut pas même à développer ses plans. La cour était à Biarritz. Le ministre prussien partit pour Biarritz. On a dit dans le temps, je n'oserais l'affirmer, que l'empereur Napoléon, averti de son arrivée, était parti lui même de Biarritz et s'était arrangé pour le croiser en route. Ce qu'il y a de certain c'est que, soit à Biarritz, soit à Paris, il fut accueilli par une fin de non-recevoir.

C'était le sentiment général alors dans le pays, que la France ne devait pas sacrifier à la Prusse son alliance avec l'Autriche. C'était à la fois une erreur et un malentendu. Car d'abord elle était bien nouvelle cette alliance et ne pouvait avoir jeté des racines bien profondes ni suffisantes pour engager fortement les deux pays l'un envers l'autre, vous en avez bien la preuve aujourd'hui dans l'inaction de l'Autriche. Mais ensuite, ce n'était pas avec le ministre de Prusse qu'il s'agissait de traiter, c'était avec le plénipotentiaire des vœux de l'Allemagne tout entière.

Les alliances ne sont formées que pour l'utilité commune des nations, dès qu'elles cessent d'avoir cette utilité et qu'elles peuvent faire succéder l'oppression à la justice, ce lien est brisé, et chaque pays a droit de se choisir de nouvelles alliances. Or, la France se liguant avec l'Autriche pour appuyer les petits princes et les seigneurs d'Allemagne dans leur résistance à l'unité, faisait de l'oppression et méconnaissait son rôle. Mille intérêts communs, mille souvenirs d'enfance, mille rapports d'opinion liaient ces peuples qui parlent une même langue, qui possèdent une même littérature, qui sont animés d'un même honneur national. L'unité allemande était en fermentation depuis cinquante ans, c'était un événement fatal, irrésistible, il a fallu chez vos agents à l'étranger et chez vos gouvernants, absence complète de sens politique, pour ne pas l'avoir jugé ainsi, ou pour avoir cru qu'on pouvait l'empêcher.

Mais, pour votre malheur, il y avait alors comme ambassadeur d'Autriche à Paris, un homme très-sympathique à l'empereur Napoléon. Les relations alors très-tendues entre l'Autriche et la Prusse eussent commandé naturellement la plus grande réserve dans l'accueil fait aux représentants des deux cours; toute préférence trop marquée envers l'un, pouvant être considérée par l'autre comme un échec à sa mission. C'est là un usage rigoureux dans ce qu'on peut appeler la société de chancelleries.

Quoiqu'il en soit, la liaison des deux princes devint bientôt une étroite intimité, rendue plus étroite encore par l'intimité de leurs femmes, la princesse de Metternich et l'impératrice Eugénie. Qui peut savoir l'influence que n'eut point cette double intimité sur la politique et dans les procédés des Tuileries à l'égard de la Prusse. Ce qu'on peut dire, c'est que ces procédés prirent souvent plutôt la couleur de niches frivoles et puériles, qu'elles ne furent l'expédition sérieuse de graves affaires.

M. de Bismark retourna en Prusse et le printemps suivant voyait s'ouvrir la campagne qui, après la bataille de Sadowa, mit en vingt jours l'armée prussienne à une marche de Vienne.

La France, sans grand espoir sans doute d'y réussir, intervint diplomatiquement pour faire cesser les hostilités. Aussitôt, sur les conseils de M. de Bismark, qui eut là un éclair de génie, l'armée prussienne, en pleine ivresse de la victoire, et à l'étonnement général, s'arrêta court et revint à Berlin. Un plan nouveau s'était subitement révélé à l'esprit de M. de Bismark.

L'aspiration unitaire allemande était incontestable, mais, comme toutes les choses qui doivent s'accomplir selon l'ordre naturel, elle ne marchait que lentement. Les étapes de la nature, dans l'ordre moral, sont longues, François, elles se comptent par demi siècles. Une foule de points de contact en répulsion venaient contrarier les points de contact en attraction, les différentes provinces avaient entre elles plus ou moins d'affinités; la Prusse était particulièrement antipathique à tous. L'idée sommeillait donc le plus souvent, ou paraissait sommeiller, mais elle se réveillait surtout très-intense lorsqu'un conflit étranger quelconque se produisait, comme celui, par exemple, à propos du Schleswig-Hosltein, pendant la durée duquel l'Allemagne entière s'embrassa avec enthousiasme. L'idée alors faisait en quelques semaines une étape entière. C'est sur cette remarque que M. de Bismark fonda sa nouvelle politique.

Je ne peux mieux comparer les trente-quatre provinces de la future unité allemande qu'à l'une de ces familles vulgaires comme on en voit partout, où la vie commune est souvent animée par des scènes d'intérieur. On s'y aime bien, mais on s'y cogne de temps en temps, puis on se raccommode afin de mieux recommencer, et la paix ne serait jamais bien durable si parfois n'arrivait un incident qui fait ces périodes plus longues; c'est lorsqu'un honnête voisin, mu par un zèle intempestif, entre chez eux pour les séparer, parce qu'alors, oubliant aussitôt leur querelle, tous se réunissent et tombent sur lui. Le pauvre homme en est pour ses coups et pour quelques mois d'injures bruyantes, pendant lesquels les aimables gens, ayant un ennemi commun à qui se prendre, laissent dormir leurs griefs intimes.

M. de Bismark avait trouvé l'honnête voisin. Il comprit que pousser plus loin la lutte contre l'Autriche et les armées des autres princes de l'Allemagne, ce n'était pas servir la cause de l'unité, c'était lui nuire au contraire, car c'était faire battre Allemands contre Allemands, et c'était semer entre eux des haines nouvelles qui, s'ajoutant aux anciennes, reculaient d'autant les étapes. — C'est la France, dit-il, qui doit nous servir à mûrir l'œuvre de l'unité, et qu'elle le veuille ou non, elle nous y servira. Il déclara donc bien haut que devant la *pressi n* de la France, la Prusse renonçait à poursuivre ses succès, et la paix fut signée. Et tous ces braves gens de la Landwer, Badois, Wurtembergeois, Bavarois, qui venaient de se faire battre par leurs frères de Prusse, rentrant chez eux tous meurtris, s'écriaient comme Martine, dans *Le Médecin malgré lui :* — Et qu'est-ce que le

Français a donc une fois à voir là dedans ? Et s'il nous plaît
d'être battus ! Voyez-vous pas l'impertinent, mêlez-vous donc de
vos affaires. » — Et de ce jour il semble que la Prusse leur en
devenait plus chère.

Le moyen étant trouvé, il ne fallait plus que savoir entretenir
ce jeu qui hâtait si supérieurement les étapes et M. de Bismark
n'était pas homme à y manquer. Tous les cinq ou six mois désormais, soit à propos de l'entrée de la confédération du Sud
dans celle du Nord, soit à propos du Schleswig-Holstein, ou bien
de telle armée qui pouvait ou ne pouvait pas occuper telle forteresse, M. de Bismark prendra occasion de dire : La France proteste, la France ne veut pas ! Et toutes les mains dans les brasseries, oubliant un instant la chope de bière, se lèveront en
fermant le poing contre la France.

Mais ce n'était pas assez d'indigner les Allemands, on voulut
aussi les amuser aux dépens de la France, et les faire un peu
rire. À cet effet, un système de persiflage et de mystifications fut
organisé, dont le guet-à-pens du Luxembourg, car on ne peut
donner à cela un autre nom, fut l'illustration la mieux réussie;
guet-à-pens dont les scènes et les ficelles seraient trop longues
à raconter. On se distribuait les rôles dans la chambre, à Berlin,
entre compères qui devaient interpeller par ceci, on leur répon-
drait par cela, sur quoi ils renverraient telle réplique. Et de rire !
Un M. Benigsen, ancien ministre du roi du Hanovre, devenu
prussien fougueux, était, pour le chancelier du Nord, un pré-
cieux auxiliaire dans ces farces. Il y eut surtout une séance où
ce M. Benigsen adressa au ministère une interpellation grotesquement sévère, arrangée et concertée d'avance, dans l'unique
but de fournir à M. de Bismark l'occasion de répondre sur un
ton grotesquement badin que : « Le roi de Hollande ne sachant
plus comment se *dévendre* du Luxembourg, et l'empereur Napoléon ne sachant plus comment s'en *désacheter*, l'ambassadeur
français était venu le prier, lui, M. de Bismark, comme arbitre
du différend. »

Ce fut sur tous les bancs une explosion d'hilarité moqueuse,
et le soir, dans les brasseries, les mains ne lâchaient plus la
chope, elles la levaient au contraire, mais de la coupe aux lèvres
il y avait place pour un gros rire germanique qu'on se renvoyait
d'un bout de la salle à l'autre en clignant de l'œil.

Je voyageais alors en Allemagne, et pas moyen de faire entendre à ces gens-là que la France, la vraie France, qu'on leur
représentait comme animée contre eux de sentiments hostiles,
ne se doutait absolument de rien, qu'elle était tout entière livrée
à ses occupations domestiques, qu'elle ne se mêlait pas des

affaires de l'Allemagne et que tous ces quiproquos n'étaient que l'œuvre de quelques hommes d'état manqués, sans plans, sans politique et sans énergie. Car vraiment quel autre nom donner à un gouvernement qui laissait ainsi votre pays servir comme de mannequin, qu'on affublait tantôt en Croquemitaine, tantôt en Paillasse, selon les besoins d'une politique audacieuse et sans principes. A défaut de votre ambassadeur qui ne savait pas même la langue du pays et qui restait impassible devant ces indignités, comme un Dieu Terme, votre gouvernement devait être renseigné, lui, et il devait agir.

— Mais à votre avis, sir Jack, voyons, à de mauvais procédés que pouvait-il opposer ?

— Il fallait rappeler votre ambassadeur. En face de ces mauvais procédés de parti pris, il n'y avait pas autre chose à faire, cela ne compromettait rien et c'était la seule attitude qui fut digne. Loin de là, vous y avez maintenu le même homme, dont tous les titres à occuper un poste si difficile, c'est qu'il est Corse et qu'il fut le négociateur de la cession de Nice et la Savoie, par le roi d'Italie à la France. Belle affaire, dans laquelle vous avez reçu un œuf pour un bœuf, et de plus, fut-elle si bien menée cette affaire, qu'encore aujourd'hui les Italiens vous reprochent leur œuf.

— Mais, sir Jack, lui dis-je, si la Prusse voulait à toute force nous faire la guerre, que ne la déclarait-elle ; c'est l'empereur, au contraire, qui le premier l'a déclarée.

— On doit croire, me répondit-il, que dans le traité secret de la Prusse avec la Russie, celle-ci, pour accorder son appui, stipula la condition que la Prusse serait assaillie et non assaillante. Cela fut visible lors de l'affaire du Luxembourg, à propos de laquelle la Prusse brûlait déjà d'engager la guerre et n'en fut empêchée que par les représentations du czar et peut-être un peu aussi de l'Angleterre ; l'attitude du cabinet français alors était vraiment bien plutôt celle d'un suppliant aux abois que d'un belligérant. Et puis, la Prusse tenait à mettre les apparences de son côté. Elle savait parfaitement qu'à force de malices et de mauvais procédés, elle finirait par exciter si bien le gouvernement français et lui rendre la vie si dure, qu'un jour ou l'autre un coup de tête de sa part en résulterait.

Après toutes les provocations dont j'ai précédemment parlé, s'en produisirent bien d'autres, directes ou indirectes, parmi lesquelles, vint enfin la candidature du prince de Hohenzollern au trône d'Espagne.

S'il est un piège dans lequel la Prusse devait avoir peu d'espoir de vous voir tomber, c'était bien celui-là. Comment croire, en effet, que les Espagnols, si instables et si orgueilleux souffriraient plus de six mois à Madrid un roi tudesque et blond, complétement étranger à leurs mœurs et à leurs coutumes, et incapable d'apprécier les mérites de la *cerbesa!* Il fallait laisser faire et ne rien dire, il n'y serait déjà plus aujourd'hui. Mais votre ex-empereur fut toujours très-chatouilleux sur cette question de fourniture de princes à l'étranger. M. de Bismark s'était souvenu d'un incident de ce genre qui s'était passé quelques années auparavant et il songea à essayer de le reproduire à nouveau. C'était en 1863, l'Angleterre, pour faire échec à l'Empereur qui présentait un de ses cousins, un Leuchtemberg, comme candidat au trône de Grèce vacant par l'expulsion du roi Othon, avait elle-même mis sur les rangs le prince Alfred, le deuxième des fils de la reine, qu'elle n'eut, pour rien au monde, consenti à laisser régner sur ce pays, ce qui ne pouvait en effet servir qu'à embarrasser sa politique. C'était une feinte du cabinet anglais. Mais vous eûtes grand soin de lui éviter l'embarras d'une rétractation : L'empereur protesta, et l'Angleterre retira vite sa candidature en disant aux Grecs : — la France proteste, la France ne veut pas ! toujours et partout ce veto de la France, et pour des niaiseries.

Malheureusement M. de Bismark, cette fois, ne s'était pas trompé, la même comédie devait avoir le même succès. Le prince de Hohenzollern fut proposé au trône d'Espagne, la France protesta, et maintenant, François, vous savez le reste.

— Je comprends maintenant, sir Jack, pourquoi vous aviez parlé du prince Alfred comme d'une des causes de la guerre. J'ai senti aussi, du moins je le crois, l'allusion aux crinolines, mais je ne comprends toujours pas l'article 745 du code civil.

— Puisque vous y tenez, François, je veux vous expliquer cela et je vais tâcher d'être clair. L'Allemagne, François, n'est pas constituée comme la France, elle subit encore, dans une grande mesure, le régime féodal, le régime de la grande propriété.

A la famille de chacun de ces trente-quatre souverains, qui tous possèdent de vastes domaines, se rattachent de nombreuses branches princières auxquelles sont constitués des fiefs sous forme de substitutions ou de majorats, se transmettant de mâle en mâle par ordre de primogéniture, c'est-à-dire à l'exclusion des frères cadets, à qui sont conférées les hautes fonctions et les dignités dans l'état.

Au-dessous de ces grands dignitaires vient la noblesse, qui jouit des mêmes priviléges de substitutions et d'apanages; tout cela en vue de maintenir et de perpétuer la splendeur des grandes familles, et c'est aux cadets de la noblesse que sont exclusivement réservés les postes publics dans l'administration, dans la magistrature et dans l'armée. On estime qu'un tiers au moins du sol en Allemagne est ainsi soustrait à la mutation, et par ce fait, détourné de ses fins naturelles, car la terre ne devrait être à l'homme qu'un moyen de subsistance pour tous et non un moyen de puissance au profit de quelques-uns.

Enfin au-dessous de la noblesse viennent la bourgeoisie et les paysans.

Le paysan allemand souffre, lui, directement de cet état de choses, mais le paysan subit longtemps son joug avant de le secouer. Quant à la bourgeoisie, elle semble bien plutôt aspirer à imiter ces usages qu'à les détruire, tant il est vrai que toujours les mœurs d'un peuple viennent d'en haut et que c'est par imitation que ceux au-dessous se les assimilent. Ainsi, le plus souvent, le bourgeois allemand usant du droit que la loi du pays lui confère, transmettra ses biens meubles ou immeubles à l'un de ses fils. Ce n'est pas toujours et nécessairement l'aîné, qu'il choisit, mais bien celui qu'il aura jugé le plus capable de le remplacer comme tuteur et soutien de ses frères dans le chemin de la vie, et de ceux-ci il fera des travailleurs, non pas bien entendu des manouvriers et des artisans, mais grâce à l'excellente éducation professionnelle qu'il leur aura fait donner, il en fera des manufacturiers, des armateurs, des gens de finance et de négoce.

A Paris, au Havre, à Londres, en Amérique, les comptoirs, dans la banque et dans l'industrie, sont pleins de jeunes commis et d'apprentis, dont le père est avocat, médecin ou banquier dans une ville d'Allemagne. Parlant couramment plusieurs langues vivantes, ces jeunes gens, qui deviendront des hommes utiles, sont, dès l'enfance, instruits particulièrement dans ce qui se rapporte à leur carrière.

En mathématiques, par exemple, ils possèderont surtout ce qui concerne le mécanisme des fonds publics, du change et de la comptabilité commerciale. En histoire, ils ignoreront peut-être le fin des intrigues de l'hôtel Rambouillet, mais ils connaîtront sur le bout du doigt le récit des premiers essais maritimes des Phéniciens. Ils sauront comment et pourquoi la richesse, la suprématie mercantile passant successivement de Venise à Gênes, de là aux Portugais, puis à la Hollande, est enfin échue à l'Angleterre. Ils vous diront si l'Angleterre doit conserver à tout jamais cette suprématie ou la perdre à son tour et pour quelles causes. Ils se passionneront aux noms de ces grands marchands qu'on appelle les Médicis, les Astor, les Richard Lenoir, les Rothschild, absolument comme vos jeunes gens le font pour

Alexandre-le-Grand, Démosthènes ou Caton.

En géographie, ils auront appris, sur une grande échelle, la configuration de chaque pays, l'étendue de ses chemins de fer, le parcours de ses fleuves et de ses canaux; ils savent ses produits particuliers, ce qu'il importe, ce qu'il exporte, quels sont ses ports, son tonnage annuel, sa dette, ses ressources, son crédit.

Je sais que tout cela ferait bien rire un de vos jeunes bacheliers qui m'entendrait parler, et cependant, que vos gouvernants futurs y songent sérieusement, François, voilà l'état-major actif, et j'ajouterai instruit, très-instruit, quoique n'étant frotté de grec ni de latin, qu'il s'agit de remplacer par de jeunes Français, dans vos grandes maisons industrielles, sous peine de voir péricliter votre influence et vos ressources. Et cela n'est pas facile, car il ne faudra pour cela rien moins qu'un changement radical dans votre système d'instructiou publique, qui semble avoir été calculé pour ne faire que des Gens de loisir, des Ecclésiastiques ou des Commis de bureau à douze cents francs d'appointements.

— Il y a toujours dans ce que vous dîtes, sir Jack, des parties qui me charment et d'autres, tout à côté, qui me surprennent. Par exemple, vous paraissez tenir pour l'inégalité des enfants dans la succession paternelle, eh bien, je vous le dis, je ne crois pas que cela puisse jamais revenir en France.

Je ne suis, François, sur cette matière, ni pour l'égalité ni pour l'inégalité, attendu que je crois que la Loi ne devrait pas s'immiscer dans les arrangements du père de famille envers sa propre génération, dont il est, sans doute, le meilleur juge. La Loi n'a que le droit de l'empêcher d'engager et de lier les générations futures, de lier et d'engager des gens qui ne sont pas nés. Mais cette question serait trop longue à discuter doctrinalement; jugeons, si vous le voulez, l'arbre à ses fruits.

Nous avons vu que pour mener votre politique, vous n'aviez pas d'Hommes politiques. Il en est résulté la guerre, et pour mener la guerre vous n'aviez pas de Capitaines. Maintenant, êtes-vous bien sûr d'avoir des Financiers, des Ingénieurs, des Savants, des Administrateurs hors ligne, capables de rivaliser avec ceux que peut vous montrer l'étranger? J'aime à croire qu'après vos récentes déceptions, vous devez commencer à en douter. Eh bien, moi, je vous dirai non, vous n'en avez pas, et je dirai plus, vous ne pouvez pas en avoir; vous êtes voués à la Médiocrité que vous avez vous-même inaugurée dans la famille, en y garantissant, pour ainsi dire, un monopole de Loisirs, disons le mot, de Paresse dotée et rentée, à tous les fils des maisons riches ou simplement aisées.

L'un des bienfaits de l'antique division de l'Allemagne, c'est d'avoir établi la concurrence dans l'Instruction publique, chacune de ses trente-quatre souverainetés, à quelques-unes près, ayant son Université. Dans toutes, Étudiants et Professeurs sont stimulés et tenus en haleine par le point d'honneur qui les aiguillonne à soutenir leur réputation contre les écoles rivales. Des méthodes diverses se sont librement produites, et de proche en proche les meilleures ont pu se faire jour et finalement s'imposer, car qui dit concurrence, dit Émulation et Progrès.

Chez vous, l'Université de France a le monopole de l'Instruction. Or, qui dit monopole, dit immobilité, routine et coterie. Pour satisfaire au développement croissant de l'aisance, l'Université a tout simplement multiplié les Colléges et les Lycées où viennent s'asseoir et se confondre sur les mêmes bancs les fils du riche particulier et ceux du plus modeste artisan. Maintenant qui ne sait que dans ces établissements régis par un programme unique, une part trop grande est faite à l'étude si longue et si ardue du Grec et du Latin, et une part trop petite aux autres facultés pour permettre de satisfaire aux besoins si variés de la société moderne. Que ces études soient nécessaires aux poursuites que se proposent certains de ces jeunes gens, qui le conteste ? Mais pourquoi souffrir la part disproportionnée qu'absorbent ces langues savantes dans l'éducation de ceux qui devront toute leur vie avoir autre chose à faire.

De deux choses l'une, ou cette instruction uniforme est au-dessus de ce dont ont besoin ceux-ci, ou elle est au-dessous de ce que réclameraient ceux-là, pour remplir dignement le rôle que le hasard de la naissance a marqué pour chacun d'eux dans la société. Et si l'on y regarde de près, peut-être bien est-ce les deux cas qu'on trouvera. Vous me répondrez que vous avez quelques grandes écoles spéciales où vont étudier les sujets hors ligne qui fourniront au pays des hommes officiels dans la littérature et dans les sciences. Mais ces écoles elles-mêmes sont un monopole et offrent tous les inconvénients du monopole. Les sujets qui sortent de ces hautes écoles où se recrutent vos ingénieurs, vos généraux, vos diplomates, sont-ils supérieurs ou seulement égaux à ceux que peuvent vous opposer, dans le même ordre d'études, les nations étrangères qui, dans l'instruction, pratiquent la libre concurrence ? Encore une fois vous avez vu que non.

Dans un jour de boutades, Napoléon Ier appela l'Angleterre *une nation de Boutiquiers* ! Le mot fut calculé pour être blessant, mais au mot près, au fond, l'idée est juste. C'est-à-dire qu'en Angleterre, de même qu'en Allemagne, un grand nombre de eunes gens étudient comme chez vous en vue de ce qu'on appelle les professions libérales, telles que le Barreau, la Médecine. La plupart de ces jeunes gens trouvant les avenues encombrées et étant forcés de se rabattre sur une autre carrière, aucun d'eux ne songera jamais à autre chose qu'à se lancer dans les affaires ou dans l'industrie, ce qui peut bien aussi s'appeler des carrières libérales, ou le mot libéral ne signifie rien du tout.

Chez vous ce besoin d'un état n'est pas distinct de la poursuite d'une place, d'un emploi qu'on entrevoit toujours comme un pis-aller, le seul qui soit digne des études et des rêves du collége, et c'est seulement sur les emplois et sur les places que se rabattent les jeunes Français que l'encombrement des professions à la mode oblige à se pourvoir autrement, à moins qu'ils aient le moyen de vivre à ne rien faire. Toute autre profession les ferait rougir.

Vous ne pouvez trouver mauvais alors que les étrangers vous renvoient, en la variant, l'épithète de Napoléon et disent de la France, qu'elle est une *nation de Fonctionnaires*. Et leurs Savants ajoutent en souriant avec malice, lorsqu'ils sont entre eux, en petit comité, que vos grandes écoles spéciales forment surtout des *Poseurs*.

Le mot est calculé pour être acerbe, et je pense n'avoir pas besoin de vous dire, François, que ce n'est pas mon opinion que j'émets ici, ce sont vos rivaux qui le disent. Je sais tous les hommes distingués qui sortent de ces écoles et qui honorent la France par leurs travaux, mais convenez que, dans un trop grand nombre de cas, le mot n'est que juste.

— Je ne vous cacherai pas, lui dis-je, sir Jack, que vos raisons me touchent et même que, malgré moi, elles m'ébranlent un peu. Je dis malgré moi, parce que, voyez-vous, j'avais sur quelques-unes de ces questions que vous avez traitées des opinions arrêtées auxquelles je tenais beaucoup, à ce point même que, pendant que vous parliez, la langue me démangeait de vous contredire. Il me semblait que j'avais des objections victorieuses. Mais maintenant je n'ose plus, tout cela est confus dans ma tête et je sens que je ne ferais que m'embrouiller.

— Expliquez-vous, François, me dit-il avec douceur; mettez de l'ordre dans vos idées et discutons, c'est de la discussion amicale et modérée que sort la lumière.

— Eh bien, si c'était un effet de votre bonté, voulez-vous, sir Jack, je ne vous demande que quelques jours; j'irai d'un coup du pied, voir nos Messieurs de la ville. Oh! il n'y a pas de danger, ce sont des Libéraux qui parlent très-bien aussi sur toutes ces choses. Je les ai si souvent entendu expliquer comme quoi l'ins-truction uniforme et commune pour tous les garçons sans distinction de rang et de fortune, est le plus bel hommage rendu à la Fraternité et à l'Égalité, et aussi comme quoi il faudrait rouvrir les couvents et les monastères si les enfants n'avaient plus part égale dans la succession paternelle. Je rafraîchirai auprès d'eux mes arguments et nous en recauserons plus tard, voulez-vous, sir Jack ?

— Je vous accorde volontiers tout le temps que vous voudrez, me dit-il, et j'espère vous démontrer d'abord que l'Instruction ne saurait raisonnablement et sans inconvénients être la même pour celui qui a son avenir à faire et pour celui qui le trouve pour ainsi dire tout fait en venant au monde. Ensuite, comment, il ne serait pas, de nos jours, nécessaire de rouvrir les couvents d'hommes parce que, par exemple, le père de quatre fils différemment doués de cœur et d'esprit, supposons-le, ce père, sage, prévoyant et riche à douze mille livres de rente, il ne serait pas contraint par la loi de leur en laisser à chacun trois mille.

Vous avez fermé les Monastères, séjour de la fainéantise, et vous avez bien fait; mais prenez garde que quelquefois les plaies sociales ne font que se déplacer sans s'éteindre. L'Estaminet a remplacé chez vous le Monastère, et c'est à l'Estaminet que vont s'ensevelir aujourd'hui tous les Inutiles à trois mille livres de rente.

Il est un trait de votre histoire qui m'a toujours plu : Sous votre ancien régime, la noblesse de Bretagne avait obtenu, pour ses cadets de famille, un édit du Parlement qui déclarait que le commerce maritime ne faisait pas déroger. C'est à eux que vous avez dû vos colonies de l'Inde, de la Louisiane et du Canada, maintenant perdues. Obtenez des mœurs nationales que les fils de la Bourgeoisie ne soient plus considérés comme dérogeant, mais comme s'anoblissant, au contraire, lorsqu'ils se livrent au Négoce et à l'Industrie, et vous aurez obtenu un immense résultat, car ce sont les forces vives de votre pays que vous aurez tirées de l'engourdissement stérile où elles végètent, pour les lancer dans la vie active et féconde.

Vos jeunes gens seront étonnés des portes faciles qu'ouvre la Fortune à ceux d'entre eux qui se présenteront sur le grand Marché du monde, sans autre capital souvent que l'amour du travail, joint à une instruction solide et pratique, signe d'une certaine naissance et d'attaches de famille qu'on accepte toujours partout, avec raison, comme une garantie.

Ces jeunes Anglais ou Allemands que la volonté d'un père a dirigés vers la carrière des affaires, se trouvent le plus souvent, après dix ou quinze années, à la tête d'un capital bien supérieur à ce qu'eût été leur part dans la succession paternelle, et au lieu d'avoir à attendre le commencement de leur bien-être de l'heure de son trépas, avec quelle joie ne donneraient-ils pas de l'or pour la prolongation des jours d'une tête chérie.

Le célibat dans les fortunes moyennes est plus rare dans ces pays qu'il ne l'est en France, parce que pour ces jeunes gens, devenus des hommes, les considérations de fortune sont secondaires, ils veulent une femme bien élevée, modeste et bonne; l'argent n'est rien pour eux parce qu'ils savent en gagner.

Que la société française rentre au plus tôt dans cet ordre, dans cette évolution naturelle de la famille que crée la liberté de son Chef, et elle y retrouvera la gratification des plus beaux sentiments de la nature qui, il faut bien le dire, sont un peu affaiblis chez elle, c'est-à-dire, l'Autorité paternelle et la Piété filiale.

Tout ceci, François, vous paraît peut-être bien étranger au fléau qui vous désole et qui fut le principal objet de notre entretien. Et tout ceci ne l'est pourtant pas autant que vous pourriez le croire, car il est bien certain que si vous aviez eu des colonies de jeunes Français intelligents et bien nés, mêlés aux affaires de l'Allemagne, comme les Allemands en avaient eux-mêmes de si nombreuses chez vous, cela eut établi une balance d'influences et de renseignements qui seule eût suffi à conjurer le mal en le signalant à sa naissance. Mais jusqu'au dernier jour vous ignoriez tout de l'Allemagne et l'Allemagne savait tout de vous, voilà la différence.

— Maintenant que vous avez bien voulu, sir Jack, m'expliquer l'enchaînement des causes fatales qui ont attiré cette guerre sur la France, causes dont je reconnais la justesse et la raison, sauf les points pour lesquels j'ai fait mes réserves, ne voudrez-vous pas m'expliquer vos idées sur ce que vous croiriez le moyen le plus sûr et le plus prompt de la terminer ?

Sir Jack tira sa montre. — Il est dix heures, François, ce que j'ai à vous dire sur ce point serait un peu long ; à demain si vous le désirez, nous reprendrons notre entretien et je vous communiquerai mon plan.

Le lendemain, je vis sir Jack plus tôt que d'habitude, il tenait un papier à la main qu'il me présenta. — Tenez, dit-il, voici ce que je viens de recevoir par la poste, c'est d'un grand Soldat et d'un brave Cœur que j'ai beaucoup connu en Italie. Vous y trouverez la solution que vous me demandiez hier, seulement beaucoup mieux dite que je ne l'aurais fait moi-même, et je lus :

PROCLAMATION

« Une guerre s'est élevée entre deux despotes, le roi de Prusse et l'em-
« pereur Napoléon.

« La démocratie n'avait rien à voir dans ces querelles de maisons prin-
« cières, et pour mon compte je me suis abstenu.

« Le despote français fut vaincu. Sa politique et lui sont tombés comme
« tombe tout ce qui est pourri, sans Gloire et sans Grâce.

« Par son incapacité et par l'incapacité de ses Maréchaux, une des plus
« vaillantes armées du monde est maintenant détruite ou prisonnière. Trois
« cent mille enfants du peuple gémissent dans les cachots du Nord, victimes
« expiatoires des passions et des rancunes personnelles de Têtes couronnées.

« La guerre, qui selon les déclarations solennelles du roi de Prusse et de
« tous les princes qui commandent l'armée allemande, n'était pas dirigée
« contre le peuple français, mais contre l'empereur seul, se continue cepen-
« dant, après la chute de celui qui n'a su ni se préparer à la soutenir, ni
« l'écarter de son pays.

« Je suis venu offrir mon épée à la République française.

« Que vois-je ! quel spectale s'offre ici à tous les yeux ! une horde, une
« multitude, de longue main organisée pour cette guerre, ou plutôt pour
« cette avanie à l'humanité, se rue sur de paisibles populations uniquement
« adonées aux travaux de la paix, presque sans armes, inhabiles d'ailleurs
« au métier des armes et sans défense, puisque, de l'aveu même de l'enva-
« hisseur, l'armée n'existe plus.

« En pareil cas, il est d'usage et de droit commun que le vainqueur s'ar-
« rête et fasse ses conditions, ou qu'il écoute celles du vaincu, pour éviter, si
« faire se peut, l'inutile effusion du sang innocent.

« Mais non, les Régiments, les Brigades, les Divisions se multiplient et se
« succèdent, elles sillonnent sans trève ni repos les contrées qu'elles dévas-
« tent, elles y passent, y repassent, pour y passer encore en mille cercles
« stratégiques habilement calculés et sans autres fins apparentes que le
« sauvage plaisir de la destruction et de la terreur.

« Des villes ouvertes et florissantes sont occupées, puis abandonnées sans
« motif, puis réoccupées de nouveau, pour tenir les populations sous le coup
« d'angoisses mortelles et incessantes. C'est comme un jeu cruel, n'ayant
« rien des instincts de l'homme, mais plutôt de la bête féline qui s'amuse de
« sa proie avant de la détruire.

« Si, poussées par la honte et le désespoir, les populations prennent un
« fusil pour préserver leurs foyers attaqués, l'Etat-major prussien leur
« applique les règles d'un code nouveau, fait par lui-même: c'est la mort
« sommaire. Il les fait fusiller sans jugement : *Ces hommes n'ont pas le
« droit de se défendre, ils ne sont pas soldats.*

« S'ils se soumettent sans résistance, l'Etat-major prussien les fait insul-
« ter dans les gazettes qu'il tient à sa solde, à Berlin : *C'est un peuple de
« lâches, un peuple dégénéré, tout prêt pour le joug.*

« Un village est pillé, un bourg incendié, une petite ville est bombardée,
« pour un soldat prussien tué dans ses environs, par une main inconnue.

« *Nous voulons venger sur la France les outrages du premier Empire
« et du règne de Louis XIV,* hurle l'Etat-major prussien, *nous tenons notre
« proie et ne la lâcherons plus; nous voulons ruiner la France pour cent
« ans !* Et le roi mystique ajoute, avec le calme béat de tous les Thauma-
« turges, qu'il est le *Bras de Dieu !* Blasphême !

« Comment les autres cabinets européens peuvent-ils, sans s'interposer,
« laisser dire d'une nation par une autre, qu'elle sera ruinée par elle, pour
« cent ans ! N'y a-t-il donc plus solidarité entre les sociétés civilisées? Quoi
« les retient, est-ce la Peur, est-ce l'Envie ?

« Quoi qu'il en soit, laissons-leur la honte de leur coupable indifférence
« et l'expiation, qui ne saurait être lointaine ; et nous, Républicains, disons
« au despote ivre de haine et de fureur, halte-là ! Assez d'hypocrisie et de
« mensonges, il est temps d'arracher les masques.

« Qui la veut cette guerre que vous appelez sainte, est-ce le Peuple ? Mais
« non, nous l'entendons tous les jours la voix de ce peuple, par vos soldats
« assis au foyer du vaincu, où ils trouvent un ressouvenir de leur humble
« famille ; tous pleurent cette guerre à laquelle une discipline de fer les con-
« traint comme des instruments aveugles.

« Est-ce la Bourgeoisie ? Demandez à vos banquiers de Francfort, à vos
« grands marchands de Lubeck et de Hambourg, vers lequel les poussent
« leurs aspirations, du régime dont on jouit en France, ou de celui que
« médite la Prusse. Peuple et Bourgeois comprennent que ces actes de Napo-
« léon et du règne de Louis XIV que vous prétendez venger n'appartiennent
« plus qu'à l'histoire et doivent être considérés dans leur rapport avec les
« siècles précédents.

« Ce n'est ni le Peuple ni le Bourgeois qui veut la guerre. Mais qui donc
« alors la veut ? Nous ne connaissons, nous, d'autre membre de la société
« humaine que celui qui travaille pour mériter l'aisance, peut-être la fortune,
« et celui qui l'a méritée par son travail antérieur ou par le travail de ses
« Auteurs.

« Mais il est encore en Allemagne un autre membre de la société humaine,
« un parasite suranné, et c'est celui-là qui veut la guerre. Ce qu'il possède,
« il ne l'a pas disputé par le travail à la matière inerte, ni lui ni ses auteurs,
« et il n'a pas besoin de le préserver par la vigilance et par le travail
« incessant. Au moyen-âge, un souverain lui attribua une part du sol, par
« privilége et avec substitution inaliénable, pour assurer la puissance et la
« splendeur de sa famille dans toute l'Éternité ! C'est le Noble, c'est le
« Féodal.

« Un des grands Penseurs dont s'honorera la France a dit, en formulant
« mal sa pensée : *La Propriété c'est le vol*. Il a, sans le vouloir, alarmé les
« esprits et jeté du discrédit sur une idée juste. Car tout fruit du travail est
« une propriété, et quoi de plus légitime que le fruit du travail ?

« Il aurait dû dire : La Propriété terrienne de Mainmorte et de Substi-
« tution, c'est le vol.

« Ces Princes qui, il y a dix ou douze siècles, l'ont donnée, ces Nobles
« qui l'ont reçue, ils n'avaient pas produit la terre, ils ne pouvaient ni la
« donner ni la recevoir.

« C'est la grande Nature qui fit la terre, comme patrimoine de l'HOMME,
« non de quelques hommes. La Nature l'offrit pour rien à celui qui l'a fé-
« condée et améliorée par le travail et là seulement commença le titre de
« propriété. Si, contraint par l'âge, par l'absence d'un successeur ou pour
« toute autre raison particulière le possesseur la cède à un autre, il est juste
« que celui-ci lui paye, mais lui paye quoi, la terre ? Non, car il ne la paya
« pas lui-même. Ce qu'il lui paye, c'est le travail accumulé, la fécondité
« augmentée.

« La Révolution française fut la plus radicale et la plus profonde des
« révolutions qui se firent jamais dans le monde, parce que, en arrachant la
« terre à la Mainmorte et à la Substitution, elle a du même coup fondé la
« vraie liberté civile et déraciné le paupérisme en multipliant le petit pro-
« priétaire terrien.

« Et voilà le régime, voilà l'ordre admirable que veulent détruire et ruiner
« les princes allemands, parce qu'ils sentent leurs priviléges menacés par le
« mauvais exemple du développement, à leur porte, de ce bien-être général
« produit par le morcellement du sol.

« Les Féodaux, ils ont égaré le Peuple allemand par le mensonge et par
« toutes sortes de menées machiavéliques pour éveiller son animosité contre
« un peuple que la génération actuelle ne connaît que par son hospitalité
« généreuse à un si grand nombre d'entre eux.

« Le peuple allemand démêlera la vérité et reviendra de son erreur momenta-
« née. Déjà la réaction commence, mes renseignements sont certains sur ce point.

« Quant à nous, Républicains démocrates, notre rôle est tracé. C'est le
« plus beau peut-être qui fut jamais au monde, et le plus utile à la grande
« et sainte cause de l'humanité.

« La guerre actuelle n'intéresse pas seulement la France, car le vieux Chêne
« gaulois a ses racines vivaces enfoncées dans le cœur de cinq millions de
« petits propriétaires terriens ; il est inattaquable. C'est l'idée démocratique
« qu'elle vise au cœur.

« Ce défi insolent du vieux Monde au Monde nouveau, nous l'acceptons.
« Ceux qui nous l'adressent se montrent dignes de leurs pères, les vieux Bur-
« graves du droit divin, montrons-nous dignes des Nôtres, les vieux Défen-
« seurs des droits de l'Homme. Ils ont voulu nous détruire et c'est nous qui
« les détruirons.

« Ils ont voulu faire une guerre de Race, nous en ferons une guerre de
« Caste dont voici la devise : LA TERRE A CELUI QUI LA CULTIVE.

« Nous renverserons l'antique Sapin féodal allemand, dont les racines
« séniles ne tiennent au sol que par les crevasses vermoulues de deux mille
« châteaux nobiliaires. Nous démolirons les châteaux, nous y promènerons
« la charrue, sur leurs ruines nous planterons l'arbre de la Liberté et de
« la Fraternité des peuples, et nous aurons assuré la paix du Monde, que
« leurs possesseurs actuels sont seuls intéressés à troubler.

« A dater de ce jour nous déclarons légitime la Révolution démocratique,
« et en principe, ouverte en Allemagne.

« Les biens constitués en Majorats, Main-morte et Substitutions quelcon-
« ques sont abolis sans retour. Ces biens seront vendus publiquement par
« petits lots. Un jury sera nommé pour apprécier les indemnités à allouer
« aux anciens occupants, en prenant pour base le revenu des parties seu-
« lement cultivées.

« Le Peuple allemand sera appelé à voter sur la forme de Gouvernement
« qui lui convient le mieux. Ceci est son droit. Ce droit ne s'étend pas au
« paragraphe précédent, lequel décide un point qui intéresse en même temps
« la sûreté de tous les autres peuples.

« Tous les Titres honorifiques sont abolis ; les Républicains ne reconnais-
« sent d'autre Aristocratie que celle que confère l'élévation du Caractère, le
« Travail, la Science et les services rendus à l'Humanité.

« Le Peuple allemand est invité à se joindre à ses voisins pour composer
« avec eux une grande République fédérative européenne.

« Pour l'exécution de ces principes et de ces résolutions, je fais appel aux
« amis de la démocratie dans les deux Mondes. Le moment est suprême. Il
« faut vaincre, et pour vaincre il ne faut que savoir mourir.

« Italiens, Espagnols, Américains, Irlandais, Anglais. je vous donne Ren-
« dez-vous au premier mars, en un point qui sera ultérieurement annoncé.

« Tout pour le Peuple. Aux Armes !

« Un concours fraternel nous attend en Allemagne où notre cause compte
« les plus nombreux et les plus chauds adhérents.

« La présente proclamation sera imprimée en allemand pour être portée
« à la connaissance de l'armée des Tyrans.

« Soldats, ne mutilez pas la main qui s'offre à vous et qui s'efforce de
« vous aider à briser vos chaînes.   L. G.